तुम हो तो हूँ

तुम हो
तो हूँ

संजय पारिख

वाणी प्रकाशन

वाणी प्रकाशन
ज्ञान के विविध आयामों के प्रकाशक

वाणी प्रकाशन का 'लोगो' विख्यात चित्रकार मक़बूल फ़िदा हुसेन की कूची से

वाणी प्रकाशन, 4695, 21-ए, दरियागंज, नयी दिल्ली-110002
वाणी प्रकाशन, अशोक राजपथ (पटना कॉलेज के सामने), पटना (बिहार)

TUM HO TO HOON
by Sanjay Parikh
Collection of Poems

ISBN : 978-93-5000-239-1

प्रथम संस्करण
आवरण चित्र : संजय पारिख
मूल्य : 250/-

वाणी प्रकाशन
फोन : 0091#11#23273167, 23275710
फैक्स : 0091#11#23275710
वेबसाइट : www.vaniprakashan.in
ई-मेल : vaniprakashan@gmail.com
vani_prakashan@yahoo.com

आर. टेक ऑफसेट प्रिंटर्स द्वारा दिल्ली-110095 में मुद्रित

बचपन से देखता कैसे मेरी माँ घर की पुरानी वस्तुओं को
जोड़ तोड़कर एक सुंदर निर्माण कर देती थी।
हमेशा यह लगता कि ना जाने वो इसे कैसे एक रूप दे पायेगी।
शायद कल्पनाओं की डोर बांधकर उड़ना मुझे मेरी माँ से मिला है।
यह कविता संग्रह उसे ही अर्पित!

उद्‌बोधन

आजकल कविताएँ लिखी जा रही हैं, लेकिन उनमें से बहुत-सी तो निष्प्राण हैं—भावहीन। संजय पारिख का पहला कविता संग्रह '*धूप में छिपे शब्द*', धूप में छिपे शब्द ही क्यों न हों, उनमें एक बहुत गहरी अनुभूति, जीवन के कई छिपे सत्य, और एक गहरी संवेदना है। लेकिन इनके साथ-साथ संजय पारिख की कविताओं में संगीत भी है। इसीलिए मैं केवल उन्हें पढ़ता ही नहीं हूँ, रात की खामोशी में अपने कंठ का स्वर भी देता हूँ, वह स्वर जैसा भी हो। ऐसा करके अपने अंदर एक विशेष चेतना का अनुभव करता हूँ। संजय पारिख के '*धूप में छिपे शब्द*' हिन्दी काव्य को एक अद्‌भुत देन है। उनका आने वाला दूसरा कविता संग्रह भी ऐसा ही होगा।

चतुर्वेदी बद्रीनाथ
पांडिचेरी
23.01.2010

प्रसंगवश

धूप की एक किरन सहमी-सी घुसी और चुपचाप दोनों ओर रखी बैंचों पर बैठ गई। सौ साल से भी पुराने इस गिरजे में भीड़ नही थी, हालांकि क्रिसमस का दिन पास ही था – शायद एक दिन बाद। धूप की किरन धीमे-धीमे मेरे पास आई और चुपचाप बैठी रही। सर्दी के दिनों में और भीतर बैठी ठंडक में, उसका पास बैठा रहना अच्छा लगा। उसमें एक सौम्यता थी, स्वीकार का भाव व एक अद्भुत शांति भी। फिर एक खाली बैंच से दूसरी खाली बैंच पर बैठती-बैठती धूप की वो किरन, सारे गिरजे में ढेर सी रोशनी भर लाई। शांति व मौन जैसे मुखर हो गये। पर वो सर्दी की ढलती शाम थी। शायद क्रिसमस से पहले वो अपनी बात सालों से चुप बैठे इस गिरजे से कहना चाहती थी। बाहर सूखी पत्तियां थीं। कोई शोर न था, आवाज़ न थी। एक सुखद भाव भीतर के खालीपन को निहारता था – अनछुआ सा। वो वैसे ही अनछुआ था जैसे दूर हिमालय की चोटियों पर फैली बर्फ और अंतहीन क्षितिज : काफी दूर पर बहुत पास; बहुत परिचित पर फिर भी अजनबी!

इधर लौटते हुये, पहाड़ों के एक तरफ धुंध थी, हल्का अंधेरा था तो दूसरी तरफ सुर्ख अंगारों की तरह आकाश की तलहटी धधक रही थी। जैसे सारे पेड़ और पहाड़ उस अलाव के चारों तरफ बैठे रात की बर्फीली ठंडक से बचने उस गर्मी को ओढ़ सोने को तैयार हों।

वहीं पहाड़ पर एक स्त्री-आकृति भी दिखी, सिर पर सूखी घास का ढेर उठाये, धीरे-धीरे नीचे उतरती जाती। उसे रात से पहले अपने घर पहुंचना है, चूल्हा जलाना है, उसका छोटा सा घर, पास के गांव में है।

पर इस सब गद्यात्मक विवरण का कविता से क्या सम्बन्ध? सम्बन्ध है : धूप की किरन का, पहाड़ों को घेरती लालिमा का और सूखी घास ढोती उस स्त्री का – सब का आपस में एक सम्बंध है। वे आधार हैं, उदगम् हैं, उस ऊर्जा के जो जीवन,

दर्शन और कला के विभिन्न आयामों को जन्म देती है। कविता का सिर्फ एक ही रूप, रंग और भाव नही है। न ही वह साहित्यिक गवेषणा एवं व्यक्ति विशेष के अनुभवों और विश्लेषण से बंधी है – चाहे वह बीते काल में हो या इस काल में। कविता में एक निरन्तरता है, एक गतिमयता है, एक बहाव है जो समय और काल में बंधकर भी विमुक्त है। लोगों की भीड़ और उससे उपजी समग्र विडम्बनाओं, परिस्थितियों और समाधानों से लेकर इस चुपचाप बैठी धूप की किरन में वो कहीं छिपी है। एक दूसरे से इस जुड़ाव को जानना कविता की समग्रता को पहचानना है।

वो धूप की किरन कभी चुपचाप बबूल या नीम की कोंपलों पर बैठी दुख और सुख के परिमापों को देखा करती है तो वही कभी बादलों में फैली, हिमाच्छादित शिखरों पर कूदती और क्षणभर में विलीन हुई एक आश्चर्य छोड़ जाती है। वह आश्चर्य जो सदियों से वैसा ही मोहता है और शब्द उसके पीछे उसे घेरने भागते रहते है। ऐसे ही शाम की ललाई भी अक्षुण्ण आकाश में फैली कभी पलाश के फूलों, कभी सरसों के खेतों में, तो कभी गहरी आंखों में डूबी नई-नई सृजनाओं को जन्म देती है। ढलान से उतरती, श्रम से संवलाई वो स्त्री दुनियावी विस्तारों में नये-नये प्रयोग करती, जिजीविषाओं और इच्छाओं को जन्म देती है। वह इस बात को दर्शाती है कि सब कुछ संसृति में होते हुये भी व्यक्ति-व्यक्ति का आपस में, समाज में एक अस्तित्व है, एक जुड़ाव है और सूक्ष्मता एक वृहद् रुप में वहां प्रतिरूपित होती है। उस दुनियावी राग-विराग का भी कविता में एक बड़ा स्थान है। पर कविता के शब्द इनसे नहीं बल्कि इनके बीच से कहीं निकलते हैं और एक दूसरे से बिंधते एक मौन को ज़न्म देते है – जो सृजन का श्रोत है।

यह कवितायें एक प्रश्न करती हैं, कुरेदती हैं, आत्म मंथन करती हैं। यही कभी प्रार्थना का रूप लिये, कभी विचलित, कभी अचंभित, तो कभी एक असमंजस में घटनाक्रमों को देखती हुई शब्दों को बुनती जाती हैं। कई वर्षों बाद पढ़ने के बाद ऐसा नहीं लगता कि उस क्षण का आभास व्यर्थ गया। पूरी तस्वीर तो नहीं आती पर एक झलक जरूर दिख पाती है।

कविता के क्रियात्मक पक्ष और उसकी महत्ता को लेखक और पाठक के परिप्रेक्ष्य में, अपने पहले कविता संग्रह *'धूप में छिपे शब्द'* के *'प्रसंगवश'* में लिखा है। ये सच है कविता-सृजन की सफलता इसी में है कि वो सरल हो और पाठक को आनन्द दे सके। पर सिर्फ पाठक या श्रोता को समक्ष रख, जो समय और काल में अपनी रुचियां और ग्राह्यता बदलते रहते है, किसी भी कृति की सार्थकता का मूल्यांकन नही किया जा सकता। सृजनात्मकता और उसके पीछे रही प्रेरणा या

क्षणिक स्फुरण इस बात को देख नही उपजती कि पढ़नेवाला या देखनेवाला उसे सराहेगा या नही। सृजन के बाद किसी कृति की सराहना होती है तो किसी की नही। और कितनी सराहना होती है यह भी बाद में ही तय हो पाता है। किसी रचना की सरलता या क्लिष्टता आखिरकार विषय वस्तु, अनुभव की गहराई और अभिव्यक्ति की सीमा पर निर्भर करती है। अतः सरलता और क्लिष्टता के आधार पर सृजनात्मकता का विभाजन बहुत न्याय संगत नही है। पर यह रचनाकार का धर्म है कि वह अपनी रचनाओं को, कृतियों को निरंतर निखारता रहे। वह स्तम्भित जल की तरह अपने को एक ढांचे में बंधा, मलिन और रुग्ण नही छोड़ सकता।

प्रयास तो किया है कि यह कविताएं, जो एक लम्बे समय को जोड़ती हैं, एक गतिमयता दर्शाएं, पर अंत में इन्हें पढ़ने वाले ही यह मूल्यांकन कर पायेंगे। मेरी प्रेरणा--वो किरन--जैसे अनेक भावों में, अनेक रूपों में कभी अनायास, कभी सायास, और अचंभित अनेक स्थानों पर दिखती है, मिलती है तो कभी बात भी करती हैं। मैं ही किंचित उसे देख नहीं पाता, समझ नहीं पाता। मेरी ही असक्षमता है वह, मेरा ही अधूरापन है।

कितने प्रियवरों, मित्रों और विद्वानों के प्रति अपना आभार व्यक्त करूँ। किन शब्दों से कहूँ कि कितनी भी सराहना करना अपने मन में इनके लिए अपार स्नेह और आदर के समक्ष बहुत कम है। सर्वप्रथम मैं श्री प्रकाश कांडपाल जी के प्रति आभार व्यक्त करना चाहूँगा चूँकि उनके साथ लैंसडॉन में प्रवास के दौरान मुझे वह धूप की किरन दिखी और दिखा उनमें छिपा एक तपस्वी भी। सरस्वती सम्मान से विभूषित प्रोफेसर मनोज दास ने समय निकाल कर *'धूप में छिपे शब्दों'* को पढ़ा और उसे सराहा यह मेरे लिए बड़े सौभाग्य की बात है। मैं उनका कृतज्ञ हूँ। श्री चतुर्वेदी बद्रीनाथ सिर्फ एक दार्शनिक और लेखक ही नहीं बल्कि अद्‌भुत व्यक्ति हैं, जिनकी पुस्तक 'महाभारत' अद्वितीय हैं। उनका मेरे लिए अपार स्नेह है और मेरी कविता *'किसने कहा कविता नहीं लिखी गई'* उन्हे इतनी प्रिय है कि कई बार बड़े चाव से पढ़कर मुझे सुनाते हैं। ऐसे विद्वान से सराहना पाकर आत्मविश्वास कई गुना बढ़ जाता है। मेधादी ने मेरी कविताओं में जो देखा और कहा वो प्रशंसनीय है। चूंकि शायद वो सही अर्थों में मेरे मन का भाव है। उनके बारे में यहाँ बस यही कहूंगा कि वे अनुकरणीय हैं। मैं इसे बहुत ही नम्रता और आदर से कहना चाहूँगा कि अगर श्री कृष्णदत्त पालीवाल मुझे प्रेरित नहीं करते तो मैं इन कविता संग्रहों को छपवाने का साहस कदाचित नहीं कर पाता। मैं उनका एवं उनकी धर्मपत्नी डॉ. रीता रानी पॉलीवाल के प्रति अपना हार्दिक आभार व्यक्त करना चाहता हूँ। इस संग्रह के लिए

जो मदद और प्रयत्न मेरे मित्र विमल जी ने किया और जो लगातार प्रयास अजय कुमार पांडेय और उनकी धर्मपत्नी शुभ किरन ने किए, उसका मैं ऋणी हूँ। शरद जी ने मेरे संग्रह '*धूप में छिपे शब्दों*' को बहुत बारीकी से पढ़ा और कई त्रुटियां और कमियां बताई। मैंने कोशिश की है कि वह कमियां इस संग्रह में न आए। बनवारी जी, मंगलेश जी, नलिन जी, डॉ. आनंद, मदन राय, डॉ शकील अहमद मोईन, डॉ, अनवर पाशा एवं मेरे मित्र अभय नारायण सिंह जी—जो सभी अपने-अपने क्षेत्रों में जाने-माने कलाकार, लेखक एवं शायर हैं। उनसे मिले प्रोत्साहन के लिए मैं आभारी हूं।

मुझे अपने पिता, धर्मपत्नी वंदना और अपने सुपुत्रों ऋत्विक व सात्विक से छोटा-बड़ा हर सहयोग मिला है, यह मेरा सौभाग्य है। मैं श्री अरुण माहेश्वरी जी को हार्दिक धन्यवाद देना चाहूंगा, उन्होंने प्रकाशन की अति-व्यस्तता के बावजूद इस कविता-संग्रह को प्रकाशित करने में रुचि दिखाई और समय पर इस कार्य को सम्पन्न किया।

मुझे विश्वास है कि जो मैं व्यक्त न कर सका उसे पाठक मेरी लघु सीमा जान क्षमा करेंगे।

संजय पारिख

अनुक्रम

तुम हो
तो हूँ

कुहासे के आर-पार

सघन कोहरा,
स्नात् सी नम हर किरण
भेद न सकीं जिसे ऊषसूकाल की उर्मियां
ऐसा निविड़तम् घुप्प कोहरा !

विपुल-विजन-विपन्नता
ठहर गई मध्य ही में,
गति उत्सर्ग की,
अस्पष्ट सी दीठी,
अगम्य...अभेद
प्रणेता के द्वार-पार।

छूटे प्रभूत जो सम्बंध
उन्हीं से वेदना स्तम्भ सी उठी
कैसे?
कहाँ जाऊँ?
अस्ति के बंधन कुछ,
मोह के प्रलाप,
छलावे, अविश्वास
पलकें झुकाये सोचता मन
जीवन क्या अभिशाप?

पर
अचानक
भ्रूमध्य से उभरी,
फैली...आलोक पुंज सी
कुहासे के बिंदुओं पर छा गई
उत्स मेरी प्रेरणा की
'एक चितवन'
कालभेदी बार-बार
स्तमित सी देखती
कुहासे के आर-पार!

शब्द नहीं उभरा

मौन कहीं सोया था पथ पर
शब्द ने पूछा क्या कुछ लिख दूं?

लिख दो
लिख दो
जो भी मन में आये लिख दो
कवित्त लिख दो
काव्यखंड लिख दो
गीत लिख दो
छंद लिख दो

पर क्या लिख पाओगे?
लिखा है जो नदियों ने
अपने किनारों पर
ढूंढा है जो झरनों ने
पहाड़ों में
पूछा है जो हवा ने
खेतों में फैली धान से
उभरा है जो गीतों में
बांसों के झुरमुट में बैठी तान से
और गाया है
जो कोयल ने
पत्तों के मर्मर ने

मैना ने
पपीहे ने
जूही के फूलों ने
खिलते पलाश ने
आम के बौरों ने
भंवरों ने
चांद ने
रात ने
सुबह ने
शाम ने
बादल ने
बरसात ने
क्या लिख पाओगे ये सब?

शब्द भागता रहा
परिधियों में
संकेतों में
बांधता गया
नापता गया
समय-गति-काल
समेटता गया
अपने ही
गये अर्थों से
मौन को

मौन सोया रहा
वैसे ही
पथ पर
कोई भी
शब्द नहीं उभरा।

सृजन

मन ने कहा
चलो अतीत की सुलभ झुकी टहनी से
कुछ शब्द चुनें
कुछ सृजन करें।

उधर उत्तुंग शिखर पर
पुष्पों और नई कोंपलों से सुसज्जित
भव भावों से घिरी
मन की दूसरी टहनी बोली
नहीं....नहीं
क्या है अतीत में
बस मृत भाव
बीती हुई बातें
जित-विजित क्षण
आशाएँ-निराशाएँ
और कुछ टूटी कल्पनाएँ!

क्यूँ लादना चाहते हो फिर
मन को
अक्रिय अतीत से
आओ कुछ नया सृजन करें
नई दृष्टि से
नई कल्पनाएँ लिए!

चेतना ने देखा,
सुना
और नन्हीं चिड़िया बन
कभी उत्तुंग शिखर पर कूकने लगी
फिर अचानक आकाश में उड़
हवाओं से अठखेलियां करने लगी।

समय
बन्धनों से विमुक्त
चेतना में विलुप्त हो गया
सतही भेद मिट गया
और मन रूपी समूचा वृक्ष
समग्रता लिये,
सृजन की प्रक्रिया में डूब गया।

बंधन

मकड़ी
मकड़ी तू बुनती जा जाल

महकी है पहाड़ों के उस पार
केसर की घाटियां
सुरभि आये
पर भाग ना पाये वो
जकड़ ले
भींच दे उसके हाथ
कि सुबह के सूरज को
वो बस देखे
छू ना सके!

बुन दे
बुन दे
और और जाले
मींच दे पलकें
बना दे उसे निष्प्रभ
अकिंचन।

पर मकड़ी
कैसे रोकेगी
स्वप्नों की मेघ श्रृंखला

सावन की पेंगे
बसंत का राग
और
भीतर बहती अजस्र सलिला

बोल मकड़ी
बोल!

अर्चना

आओ खोजें
नई अभिव्यक्तियों को
नई उमंग लिए
नई चेतना से।

पूछें आकाशीय पंछियों से,
संकेत भरे झरनों से,
दुकूल से झाँकती कलियों
और कूकती कोयल से
तुम्हारे मौन-इंगित।

न जाने कौन सा इतिहास बनाने
बंद करे बैठे हैं ये कपाट

खोल दें
उस वातायन के सारे गवाक्ष
आने दें भीतर सुरम्य,
सुरभित स्फूर्त हवा
समा जाने दें
अन्तर तक
सहजता को।

चुनें
दूर्वा पर फैले
तुहिन-कणों से
शब्दों को
तपायें
साधना की अग्नि में
विचारों की समिधा से
हो नहीं जाते जब तक वो
धवल-अम्लान!

और फिर जब स्वर्णाभ-अर्चा
तुम्हें मेरे आंगन तक लाये
तो होठों से
बस तुम्हें अर्पित
अभिनन्दन गीत उभरें।

अनुभूति

जाना जबसे कि
विरक्ति से न होगा कुछ
रुग्ण आसक्ति ही बढ़ेगी
द्वैत के प्रभाव से
बढ़ते जायेंगे बस द्वन्द्व
बिखर जायेंगे रस-छंद
तब से मन
विभक्त नहीं करता
ढूँढता। नहीं तुम्हें
बस गुंफित शून्य में

बसंत आता है जब,
सावन गाता है तब,
लुभाता है जो हवा में घुला स्मितहास
छलता है जब विस्तृत चाँदनी का रूप,
तो स्वीकार के सहज आनन्द में डूबा
पाता हूँ कि तुम्हीं हो सर्वत्र
तुम्हारा सामीप्य ही नहीं बल्कि
स्वयं तुम्हीं हो मुझ
साकार में निराकार
क्षण में शाश्वत
बिन्दु में सिंधु
सीमा में असीम।

एक शब्द मैं भी

तेरी इस कहानी का एक शब्द
मैं भी तो हूँ
युगों से बनता
बिगड़ता
तेरे शिल्प में
अबाध्य संवरता!

इस मोहक अनन्त स्वर-लहरी की
एक सरगम
मैं भी तो हूँ
भूले-बिसरे
मुझ तक आती
गहराती!

और तेरे अखण्ड मौन में
शब्दरहित शून्य का
निःशब्द-शब्द
मैं भी तो हूँ!

प्रस्फुटन

ऐसा हो कि
बस चेतना-आप्त पुष्प खिलें
मन की फुनगियों पर
भीगें जो भोर की ओस में
चूमें जिन्हें प्रेमिल अरुणाईः
जैसे फूलों भरा 'पलाश'
अचानक ही इंगित कर जाती है जिसे
हवा की बौराई उंगलियाँ
और प्रकृति विस्फरित नेत्रों से
स्वयं को देखती है।

पर ऐसा होता नहीं
अन्जाने ही
कर्म श्रृंखला में
कुछ मुक्त होता है
कुछ संचित होता है
और जिज्ञासु मन
नेपथ्य से उभरते अतिस्वर को
बस क्षणभर सुनने का प्रयास करता है
और फिर प्रतिध्वनियों में खोया
एक अनकही आस में बैठा रहता है
हारकर कभी कहता है
छलना है

तो कभी उल्लसित हो कहता है
यही है उसकी निर्माण-विधा।

न जाने कैसी है वो प्रेमिल दृष्टि
जो बस पुष्पित करती है
पलाश की तरह
हर डाल को
और चेतना
रश्मियों की गुंजलक को
अरुणिम पुष्पों में संजो
आकाश की असीम नीलिमा में
गूंथ देती है ।

तुम हो तो हूं

अभी जीता हूं
क्योंकि तुम हो
तुम्हारे गीत हैं
और तुम्हारी बाट जोहते
कभी शाम नहीं होती।

ऐसा होता नहीं कभी
कि मैं चलता रहूं
दूर तक
और लगे कि कोई मेरे साथ नहीं
कि कोई बोलेगा नहीं देर तक।

पत्तियों में छुपा चुपचाप
सुगंध भरे हाथों से
छू भर देता यदा कदा
मुस्कुराता
फिर खो जाता
कि मैं ढूंढू
इस विश्वास के साथ
कि वो पास ही कहीं है
क्या इस जीवन के लिए
पर्याप्त नहीं!

होता है कभी
बढ़ते अंधेरे में
एक सन्नाटा सा खिंच जाता है
अपने ही हाथों का छूना
समझ नहीं आता
हवायें जैसे कहीं रुक जाती हैं।

पर सांसों के सभी छोरों पर
बैठे-बैठे
झुलाते हो तुम
सावन की पेंगों में
बसंत के परिधान में।

अकेला कहां हूं?
क्योंकि तुम हो
इसीलिए जीता हूं।

अनुकंपा

निविड़ एकान्त,
संसृति के हर कम्पन का
उद्गम और अस्त!

उत्तेजनाएँ क्षणिक
सरीसृप सी
किन्तु विडोलित न कर सकीं जो
ऐसा अद्भुत स्थैर्य
ऐसी अपार अनुकंपा।

अरे!
हम तो बस देखते रहे
उतरी कब मन-भुवन में
पूर्वा के आँचल से
विस्तीर्ण धवलता लिये
अतिज्योति।

अन्तरतम् में बालुका कण
काँतिमय मणियाँ बने
अखण्ड ज्योति में
विलयित होने को
अकुलाने लगे
सोहम्....

निस्तार जीवन का यही
यही निर्वाण!

बस आस्था बढ़ती रही
अयाचित ही वो
दीन की झोली में
प्रेमिल-मानिक देता रहा!

सहजता

एक कण से चलूँगा
तो तुम्हारी ही रचना बनेगी
एक शब्द छुऊँगा
तो तुम्हारे ही गीत उभरेंगे
फिर ये रही
तूलिका
शिल्पी के आयुध
और मेरे शब्द।

जब तुम ही आदि व अन्त हो
तो फिर 'स्व' के
इस बोध को भी
क्यूँ पनपने दूं?

क्यूं नहीं सहज हुआ?
सिर्फ देखूं
देखता रहूं
तुम्हारी ही रचनाएं
तुम्हारी ही सृजनाएं!

लागि नाहिं छूटे

शीत के प्रारम्भ में ही
प्राची की ललाई किरण ने
आतुरता से
बन्द शीशे की खिड़की से झांककर
भीतर देखा
छुआ
पूछाः
'क्या भूल गये मनुवा?'

अचानक ज्यूँ याद आया हो
एक खोज अनन्तर
यही रश्मि रेखा।

हाँ!
यही तो है मार्ग-दर्शा
देखा नहीं
सोचा भी नहीं जिसे
माह, साल बीत गये
पर क्या भूल सका?

आज अनाहूत स्वयं उसी ने पूछा तो
जैसे मन
एक अनकही कचोट में डूब गया।

शब्द और अभिव्यक्ति ही
समय के आलिंगन में
निखरती हैं
संवरती हैं
पर भीतर
एक स्तम्भन सा जैसे
पड़ा रहता है अचैत्य
बहता नहीं
स्फुरित नहीं होता,
बस उसके आस-पास
घूम-घूमकर
एक अव्यक्त खोज
सतही हलचल में
भटकती रहती है।

अपने ही समाधान
प्रश्न बन
एक लम्बे संघर्ष के क्रम को
उखाड़ फेंकते हैं
और द्वैत की विडम्बना में भरमाकर
जैसे वो ही फिर
कहता है बार बार
'मैं ही हूँ!'

फिर भी जैसे
अंधकार की परतें
घेर ही लेती हैं
और चेतना
मन की ईहाओं-इच्छाओं में फंसी
कराहती है।

न जाने कब तक चलेगा
ये सिलसिला
न जाने कब फूटेगा निर्झर,
कब प्रस्फुटन होगा?

पर कहता है दबी-दबी आवाज़ में कोई
'आयेगी एक दिन
तुम्हारे ही आंगन से
ये रश्मि-रेखा'
होगा
ऐसा होगा!

चाँद को देखा!

देखा मैंने पूनो के चांद को
या
उसने मुझे देखा,
छुआ शरद के मृदु आगमन ने
या
मैंने उसे छुआ।

यही तो है वो चाँद
देखा है जिसे कभी
झील के किनारे
वापी में ध्यानस्थ,
सलिला में तरंगित आनन्दित,
तो कभी स्तम्भित जल में
मलिन उदास,
कभी उलझे चिनारों के पीछे से
चोरी छिपे ताकते,
कभी चमेली की टहनियों पर झूलते,
कभी निशीथ-पथ पर कोने में सिमटे,
कभी अपनी तिलस्मी सम्मोहनी चांदनी में,
सारी प्रकृति को लुभाये,
कभी नुपूर बाँधे झरनों में थिरकते,
कभी श्वेत-बर्फान
हिमानी-चांदनी पर

रजत-मुकुट लगाये,
कभी बालक की तरह
नटखट अपना ही रूप निरखते,
कभी जमुना की रेत में लोटते,
मनन करते चट्टान के मुहाने पर,
गागर में
रीती-निमीलित आँखों के पनीले कटोरों में
डब-डब
झिलमिलाते,
मैंने कितनी ही बार
कितने ही रूपों में
उसे देखा है
या कि
यथार्थ में
उसने मुझे देखा है
इन सभी रूपों में
उझलते
सुलझते
नियति की प्रत्यंचा पर खिंचे
निरीह।

एक शंका उठती है
क्या देखा भी है मैंने कभी
चाँद को चाँद जैसा?
या बस
उसकी प्रतिच्छाया का प्रतिरोपण ही
अंकित है मनस पर
बिखर जाता है
जो हर हवाई झोंके से

पर चाँद हर रोज दिखता है
कभी पूर्ण

कभी अधूरा
वैसा ही अम्लान शान्त
अमावस्या के अभिशाप से
ग्रसित होकर भी
वैसा ही स्थितप्रज्ञ!

फिर मैं कौन हूँ?
हर बार जैसा ये प्रश्न
निःसहाय मुझे
सागर की
असीम लहरों से निकालकर
किनारे अकेला छोड़ देता है

अनुकम्पा ही कहूँगा
कि मोह के सागर में खो नहीं जाता
फिर लौट आता हूँ
अपने होने की नियति को
स्वीकारने
नहीं....
संवारने!

पर यह कैसा झीना पर्दा है
आँखों पर
दिखता तो है जिसके पार
परन्तु असत्य अपंग अधूरा।

मायावी मिथ्या जगत् नहीं
किंचित्
है यह मेरा ही देखना
असक्षमता में
देह से,
विकारों से,

चिंताओं से,
दुराग्रहों से,
इच्छाओं से,
खण्ड-खण्ड देखना।

पर अपूर्णता का यह बोध
कभी कुछ तो देगा
उसी दान की प्रतीक्षा में
मैं बैठूँगा।

कभी जब रजत-रश्मि झाँकेगी
आत्मायन में
विलोकित नयनों से तब
मैं चाँद को
और
चाँद मुझे देखेगा!

(कुछ दिनों उपरांत)

पर निःसहाय सी यह प्रतीक्षा कैसी
और वो भी बस सीमित?
जैसे स्वीकार कर नियति के बन्धन
नियन्ता को पुकारा हो
पर इस मद्धिम पुकार में
कैसे होगी प्रतिध्वनि?

कैसे जानूँगा
कि शूल पर टिके अन्धेरे में
उजाले की आकुलता
अगाध हो गई है

परिवर्तन तो निश्चित है
ओजस तीव्र शक्तिमय
पर कौन सा शर आहत करेगा
कि पीड़ा असहनीय हो जाये?

इस दुनियावी राग-विराग में
कौन किसे देखता है

यह मात्र एक भ्रम ही तो है
दृष्टा तो स्थिर है
दृष्टि ही पथ-भ्रमित हो जाती है
जो कुंठित हुई
बस दोषारोपित करती है
विभिन्न स्थितियों में
परिस्थितियों को।

आत्मायन में तो
चाँद कभी छुपता नहीं
चाँदनी मिटती नहीं
और गुड़हल की सुर्खी
सुबह के सूरज की ललाई में
वैसी ही शाश्वत दिखाई देती है
जैसे पलभर को
अन्तस् में
पावन प्रभुता!

साधना

तुम्हें चाहा है
तो ये प्रश्न कैसा?
पर जिज्ञासा बस
शब्दों को स्वीकार नहीं करती
पूछती है
'क्या किया इतने वर्ष
जहाँ थे-वहीं हो'

जानता हूँ
इस चिर-आशा का समाधान
मेरी कोई कविता नहीं होगी

होगा नहीं
बस वीतरागी-पुष्प
समर्पित करने से ही
इस क्षुधा का उपचार
वो क्षुधा
जिसे मैंने चाहा
और जिसने मुझे पाया।

निशीथ-पथ पर जो रोक लेती है कभी
हाथ थामे जो
दूर्वा पर साथ साथ चलती है

और
कभी ढूंढे नहीं मिलती
तुम्हारी ऐसी विचित्र-विधा के
स्वप्न साकार करने
सागर से - आकाश तक
आयामों के इस विस्तार को
छू लेने का हौसला
न जाने मुझमें ही कौन करता है?

ये मोरपंखी साँझ-सवेरे
बस दिये जाते हैं
छलावे भरे निमन्त्रण
निमीलित नयनों से
और बादलों की कोर छूती
लजाती लालाभ आनन्द-वधुना
चेतना के सहस्त्रों द्वार
यकायक खोल देती है।

पर न जाने धरती पर आते-आते
कहाँ खो जाती है
चेतना की आनन्द-ज्योति
छूती है जो मनस्तल
वो बस
प्रश्न ही प्रश्न उपजाती है।

जो दिखता है दूर से एक मरुद्यान
वही विराट मरुस्थल बन
जब कहना चाहता है
'मरीचिका है यह'
तभी अन्तस् से प्रकटी
एक नन्ही किरण
जैसे सारे ब्रह्मांड में

ये उद्‌घोष कर देती है
प्रभुता बसी है
कण-कण में
लीला है यह
खोज रही है यह उसे
खोया है जिसे इसने
किसी अज्ञेय क्षण में
इसी धरा पर

फूलों में,
पत्थरों में,
पहाड़ों और झरनों में,
जैसे रूप - रूप को
सृजन - सृजन को
और सृजनहार
स्वयं को खोजता हो।

पर ये खोज उस सृजनहार की ही नहीं
उसकी भी है
जो हुआ है सृजित
इस लीला में!

जिसने खोया है स्वयं को
मुझमें
उसकी खोज ही है
मेरी क्षुधा
यही है सच्चिदानन्द
पा लेने की साधना
आरोहण-अवरोहण।

अतृप्त-सी जो भरमाती है
प्रकृति की

लुभावनी अदाकारी में
मन के गदराये स्वप्न
अहम् के ठूँठ
बहुत आतंक करते हैं
उपलब्धियों पर
सन्तुष्ट तुच्छ-मन
तुम्हारे सान्निध्य का भ्रम दिलाता है

पर जानता हूँ
नहीं है वो मेरी सृष्टा
मेरी साधना की यज्ञाग्नि में
समर्पित करने योग्य
समिधा भी नहीं।

बस यूँ ही होता है
मल्हार-बसंत
सुर-सरगम
सौन्दर्य और आनन्द
पर इस धुन की धुंध में
तुम्हें भूलता नहीं!

कहोगे क्या?

पूछेगा वो
क्या मिले सागर से
कुछ कहा उसने?

बोलो क्या कहोगे?

कहोगे क्या?
देखा तो था
लहरों का क्रंदन
दूर तक दिखी भी थीं
नीली चमकती दिशायें
पर न जाने कहां था मन
कि उन लहरों को छू ना सका।

कहोगे क्या कि
बैठा तो था
शाम के डूबते सूरज के साथ
आया भी था
रहस्यमयी अंधेरा पास
आमंत्रण भी था
पर सहम गया
सब जैसे खोने लगा हो
फिर उठकर चुपचाप चल दिया।

कहोगे क्या कि
मालूम है मुझे
इसी सागर के किनारे
तोड़कर असीमिता ने सारे बंधन
अबाध आलिंगन किया था
कहा था
तुम मेरे हो!

क्या कहोगे उस क्षण को
जिसकी पिपासा
अक्षुण्ण बनी रहती है
क्या प्रत्युतर में बैठे-बैठे
बीत जाने दोगे सब कुछ?

पूछेगा वो
और बहुत कुछ भी
उसका अखंड मौन
लहरों के बीच से उठ-उठकर
तुम्हें छुयेगा
आह! प्रश्नों की अतिरेकता में
क्या कह पाओगे?

नहीं कुछ तो बोलूंगा
सच है ये कहना
कि 'भूला नही तुम्हें'
मिथ्या है
पर निरुत्तर तुम्हारे पास बैठा
तुम्हारी उलाहनाओं में सिमटा
देखूंगा छिप-छिपकर
कैसे लहरें मिटने नहीं देतीं
अंतर के स्वप्नों को।

अभीप्सा

प्रकृति की मूक अभीप्सा व्यक्त करतीं
अमलतास और गुलमोहर से भरी डालियाँ
जेठ की चिलकती दोपहरी में
अविचलित सजी रहतीं हैं
और झुलसी जूही की बेल
मोगरे की कलियों के साथ
रात भर महकती है
अर्चना का यह क्रम टूटता नही
बाह्य परिवर्तनों से
विडम्बनाओं से।

पर मेघों की आस
छिपती नहीं...
बिखरे अमलतास
और कुम्हलाये गुलमोहर के फूल
सब कुछ कह देते हैं!

इन्हीं फूलों को बटोर
छाँव-छाँव
मन्दिर की सीढ़ियों पर बैठ
तुम्हें देखता हूँ

नौका में बैठे

पास बहती यमुना से
उस पार जाते
और कभी
मरुस्थल में हताश भगाते
सागर की लहरों पर अट्टहास करते।

कभी कोयल की कूँज,
जल-पक्षी की टेर,
रजत निशा,
भोर की उमंग
तुम्हारा पता बताती है
तो कभी
दिन की उमस,
धूलभरी आँधियाँ
घुटन से त्रस्त अपनी कुंठाएँ
अपूरकता के बोध को
और भी विस्तृत कर देती हैं
अभीप्सा का मरुस्थल
निस्सीम हो जाता है
जहाँ चातक की प्यास
बस कुछ स्वाति बूंदों से ही
तृप्त नहीं होती!

फिर मेरी प्रकृति भी
अमलतास व गुलमोहर की तरह
मेघों की आस निहारा करती है।

अचानक घुमड़-घुमड़कर
मेघों की कतारें
थाम लेती हैं सारा आकाश
और रिमझिम रिमझिम
बारिश की बूँदें

धो देती हैं
प्रकृति का गात
झूम उठते हैं
गुलमोहर
मोगरा
जूही और अमलतास।

पर मन्दिर की सीढ़ियों पर
भीगा-भीगा
तुम्हारे चिन्हों से तुम्हें खोजता
या
स्वयं को बोधता
मैं लौट नहीं पाता

न जाने कब मल्हार-भरी बदली
काँधा छूती है
मन्दिर से ढुलकता प्रकाश
सिर सहलाता है
और मैं
हथेली में बटोरे फूल
तुम्हारे मन्दिर के बंद कपाटों के बाहर
चुपचाप रख आता हूँ।

मौलश्री की छाँव में

मौलश्री की छाँव में
भरी दोपहरी में
माथे पर छलकते स्वेदकणों को
ओस की मानिन्द
पलकों तक सरकते देखा
पास खिले अमलतास के सुनहरे फूल
धूप के कर्णफूल बन
झूलने लगे
धूल भरे एक झोंके ने
यकायक कहा
अमरबेल नहीं है तेरी चेतना!

श्रम से श्रान्त देह
दोपहर के झूले पर झूलती
किसी बाग के कोने,
कमरे के एकान्त,
या
छत की मुंडेर पर बैठी
नीलाकाश में
मुक्ति के उद्घोषक
श्याम-ध्वज को
अबाध देखती है।

इस श्रम में

कुछ हो जाने की इच्छा नहीं
इसलिए ये स्वेदकण
ओसकण हैं,
अश्रु हैं,
और शतदल पर बिखेरे
मोती के दाने भी,
प्रतीक हैं ये
अपरिमित तृषा के,
धरोहर हैं
पारमिता की।

सृष्टि के इस विराट चक्र में
सौन्दर्य,
प्रेम और कर्म की
महत्तायें नहीं आँकी जा सकतीं
जहाँ शून्य ही अन्त है-अनन्त है
वहाँ से कोई कैसे
अपनी स्थिति का बोध करे
कैसे कहे
मैं कर्ता हूँ?

जैसे हल्की फुहार के बाद
चाँद खिला है
और रूई से श्वेत बादल
आकाश पर तैर रहे हैं
मेरे सिरहाने सागर कोलाहल कर रहा है
भीगे हुए तारे,
भीगी देह
श्वेत मेघमाला बन
छितराई चाँदनी में चमक रहे हैं
दोपहर का अमलतास
रात-बेला के फूलों सा महक रहा है।

साँझ ढलते ही

ये तुम्हें भी मालूम है
कि हर शाम तुम
अनन्त कल्पनाओं के बाँध
खोल देते हो
इसलिए अगर मैं
चलता रहूँ नदी के किनारे
गाता रहूँ रात देर तक
और झुंझलाता रहूँ
अकारण ही
तो कोई आश्चर्य नहीं
आश्चर्य तो ये है
कि क्यों मैं ये सोचकर
बैठ जाता हूँ
दीपक के समक्ष
एकाग्र
चिंतित
कि अब नहीं भटकूँगा
मिथ्या ही समझ लूँगा
कि मैंने कुछ देखा है
एक झरोखे से
कि मैंने कुहासे में भी
दूर-दूर के दीप
दूर-दूर के तारे

दूर-दूर के गीत
देखे हैं-सुने हैं।

पर विफल हो जाते हैं
चाहे अनचाहे सभी प्रयास,
दीप-विभा के
तनिक हिलते ही
दिखने लगते हैं
प्रभामय
चमकते बिम्ब-असंख्य
साँझ ढलते ही...!

स्वाति-बोध

कुछ आभासित सा हो ज्यूं
एक सन्नाटे में
स्थूल से छूटा
तभी टूटा एक तारा
एक झलक देखा मैंने भी,
आम के पत्तों के बीच ।

चाँदनी में डूबी हुई छिटकी
निशा
इस छोर से
आँगन के उस छोर तक
कालातीत-अक्षय प्रणय!

घास पर फैली नमी
ज्यों हो बादलों की,
प्रश्न भीगे-भीगे से थम गये,
जब अचानक पाया
स्वयं को
स्वयं के ही सम्मुख!

ऐसे ही निर्लिप्त क्षण में
आभासिक्त रिक्त से
अन्तिम स्पन्दन की

अन्तः तल पर उभरी
एक क्षणभंगुर चमक
जैसे हुआ हो प्रथम उषा काल में
जीवन वृत का
स्वाति बोध!

पुनरागमन

कैसी ध्वनि थी वो
जो मौन के आँगन में उभरी
और पल ही में
रास-रम्य हो गई?

कैसा था वो रूप
जो तनिक दिखा
और फिर सांध्य-क्षण में
क्षितिज के पार
आँख मिचौनी खेलता
खो गया?

आत्मायन में
मधुऋतु की प्रतीक्षा
अनुभवों और स्पर्शों की
पुलकन में
यूँ गहराती रही
कि विराट सागर को देख
चेतना बौराई सी
हर आलम्बन खो बैठी
सभी बाह्य परिवर्तन
पुष्पित आकर्षण
नारियल के कुँज

मोतियों के ढेरों सी बिछी चाँदनी
बस ठगे से
देखते रह गये!

किसने सोचा था
तुम्हारे मोह में
ऐसा निर्मोही हो जाऊँगा
कि सागर में उठती
अबाध लहरों की तरह
बस अभीप्सा ही करता रहूँगा।

तट अकुलाएगा
तट-विहीन हो जाने को
और सागरीय निस्सीमिता
अपने स्पर्श से
अवरोहित हो छुएगी
बार-बार
अपना ही तट !

कौन जानता था
कि सागर के किनारे
स्वतः टूटे स्थूल पाशों
मिटे फेनिल दर्प से
तृप्ति न होगी,
पगलाई चेतना के
विस्तीर्ण क्षुधायित आयामों के समक्ष
जीवन
मूक अजनबी की तरह
अपने ही भीतर
बिन्दु में सिन्धु के
अनवरत मंथन को देखेगा
और फिर निश्चल हुआ

उषस् काल में
पुनः पुनः
स्वयं को ढूँढेगा
पूछेगा
'कौन हूँ मैं?'

तुम आओ तो

तुम आओ तो
बीने कुछ फूल
गंध के
रंग के
टेसू के
पलाश के
निहारें फिर
उनमें ही
अंखियो के रंग!

तुम आओ तो
सुवासित रंगों से खेलें
भर-भर पिचकारी
झेलें इसमें ही
बांटे उनसे ही
अपने कुछ सुख
कुछ व्रण
तुम आओ तो!

भिगो तन-मन
रंगो भरी
खेलें फिर होली
तुम आओ तो!

नैना लोभी रे

कब तुम्हारी नीली-छवि ने छुआ
कि मैं आकाशीय नीलिमा में खोई
अधरों पर
दिन भर तुम्हारा नाम लिये
बैठी रही

फिर साँझ ढली तो
नयनों में आभा दीप जलाये
मन-मधुवन में
तुम्हें कहाँ-कहाँ खोजती रही।

तुम आये थे
मन में गूँजते बंसी के सुर,
पैंजनिया,
मधुर हास,
और तुम्हे रिझाने को
पैरों में बांधे नूपुर
बार-बार कहते हैं।

मन बेला के महकते फूल
निसिबासर खिलतें हैं-मुरझाते हैं
कि कभी तो उनकी मूक अर्चना
फिर तुम्हें बुला लेगी!

निराश हुई कभी
उलाहना देती हूँ
अविश्वास करती हूँ
तो मानो गहनतम् विश्वास ही है वह,
हर बार देखकर तुम्हारा रूप
मन के नील कमल में
पगलाई सी कहती हूँ
तुम आआगे!
तुम आआगे!!

पर कैसी है ये लीला
कि भ्रमित मन
तुममें डूब नहीं पाता
तो कहता है
तुम आये थे
तुम आओगे
पर बिछुड़ी कब थी तुम से?

तुम तो हर पल यहीं थे
मैं अनभिज्ञ आँखें मूंदे
तुम्हारे स्पर्श के आभास को
स्वप्न में भी खोना नहीं चाहती थी
वही तो मोह था
छुप गये थे जिसमें तुम,
पर आज आँखें खोल
जब तुम्हें देखती हूँ
तो ऐसा लगता है
जैसे तुम मेरे मन-आंगन में
पुनः जन्मे हो!

मंथन

मन के व्यामोहों से
दुनियावी छद्म बहलावों से
सही गलत के
कितने ही परिमापों से
जीवन को
कौन कहाँ तक विभक्त करे?

और तुम्हारे आश्रय में
आने के बाद भी
आश्रित रहूँ
किसी और पर
तो उसे अपनी ही अज्ञता न कहूँ
तो और क्या?

प्रेम के सोपान
तुम्हारे मन्दिर के द्वार तक जाते हैं
अगाध प्रेम के सत्य रूप का
वहीं है निवास।
अन्य बस
आकांक्षाओं के छलावे हैं
और वैराग्य कहीं भागना नहीं
बस तुम्हारे सामीप्य में
मिथ्या है जो

समझ जाना
कि तुम्हें पाना,
न पाना,
रखता नहीं हो कुछ अर्थ।

तुम्हारी अर्चना में
अर्पित हों
मेरे प्रश्न,
मेरी उलझनें,
जीवन के समस्त उतार चढ़ाव
सब बस
तुम से शुरू हों और
तुम पर ही अन्त हों!

अर्पण

कहूँ
स्मृति के पार!
सोचूँ
कुछ वंदित क्षण!

पुनीत है
पावन है
तुम्हें अन्तर्मन की
अथाह गहराईयों में खोजना
और
दूरी के भ्रम को भूलकर
तुम्हें छू भर लेना।

फिर दिन भर
धूप के एक टुकड़े के लिये
निविड़ वनों में भ्रमना
डूबते सूरज को देखना
और शून्य में
शब्दों की सुरभि को
अंजुलि भर-भर
बिखराते जाना।

बाध्य नहीं हूँ

स्वयं ही बंधा हूँ
ये शिथिलता तो बस
मेरी ही अहमन्यता है

तुम्हारा तो है
विशालतम कृपा-छत्र
जिसकी छाँव में उपजा
जिज्ञासा का अंकुर
ऋचाओं का उद्गम्
नियति का वरदान
और ऋतुओं का
उपहार है

शेष तो हैं
वंचना के दुर्ग
आधारहीन अट्टालिकाएँ
प्रेमहीन मरीचिकाओं के प्रेत।

तुम्हारी शरणागत हूँ
पर क्या
सहेज पाया हूँ ऐसी श्रद्धा-आस्था
कि सभी प्रयत्नों का भार
तुम्हें सौंप दूँ?

क्या मिट चुका हूँ तुममें
रम चुका हूँ इतना
कि चंदन पानी सा
संजोग हो जाये?

हीरक कनी

हीरक कनी
हीरक कनी

थीं दिखीं मुझे
औ बिसुरी भी नहीं तो
समाई क्यूँ नहीं
छोड़ क्यूँ नहीं दिया
उद्भ्रान्त
अकेला
पल-पल अंधेरे उजाले की भूल-भुलैया में
खोता-पाता।

थीं दिखीं तुम मुझे कभी
होता नहीं विश्वास अब
समय इतना बीतता नहीं वरन्
चुप बैठे-बैठे।

उगते सूरज में हर दिन
दिखतीं तुम
उजाले की परत दर परत खोलतीं!

कलुषता यूँ न समाती,
पल छिन यूँ न बीतते,
दिखीं होती जो तुम
ओ हीरक कनी!

सूली ऊपर सेज हमारी

एक क्षण-भर इच्छा
तुममें जी लेने की
चैन नहीं लेने देती
असंख्य अज्ञ-क्षणों की
कठोरताओं से
आहत हुई
प्रताड़ित किन्तु मौन,
सद्य-साधिका सी पुनीत
अपने इष्टदेव को निहारा करती है
युगों-युगों की प्यास समोये
सागर सा विश्वास लिए
प्रतीक्षारत रहने में!

मन जाने कहाँ-कहाँ भटकता फिरता
कलौंछ लगाये लौट आता है
तनिक संकोच भी नहीं करता
अपने ही छद्म अंधेरों में बद्ध
उलझाता जाता है
एक इच्छा से
दूसरी इच्छा के
अन्तहीन क्रम में!

पर प्रतीक्षारत 'क्षणभर इच्छा'
विश्वास भरी किरण सी

अन्धेरे के उलझे जालों में
कौंध जाती है
कि कभी तो अभीप्सा की लौ
सम्पूर्ण समर्पण में उद्यत
अपने विधाता से वियोग को
पल-भर भी नहीं स्वीकारेगी
कभी तो ऐसा होगा?

आकाश में छितराये मटमैले बादल
धवल हंस बन जाते हैं,
चट्टानी बादलों में शाम की डूबती ललाई
सतरंगी उपवन भर देती है,
पलछिन में ऐसे कितने ही परिवर्तन होते
देखता है सारा अस्तित्व
देखता है
कि कैसे एक फूल
बन जाता है सारे पौधे का मर्म
कैसे एक बादल
सारे आकाश का
प्रतीक बन जाता है!

पर होता नहीं क्यों ऐसा ही कुछ
क्यों नहीं एक शंखनाद
तमस् की गहन निद्रा को
चिरकाल के लिए तोड़ देता?

इस 'क्षणभर इच्छा' में
तुम्हारी ही ज्योति है
रूप है,
चेतना है,
शक्ति है,
और तुम्हारी ही इच्छा है।

ऐसी वृहदता के समक्ष
अकिंचन बना
तृण-सा
कब तक यूँ ही तड़पता रहूँ
कब तक तुम्हारे इस
वियोगी-क्षण का
वहन करूँ
कब मिलूँ?

शब्द-चित्र

(1)

तुम ढलते सूरज हो
मैं उगता चाँद हूं
कब से,
बस ढूँढता हूँ तुम्हें रात भर
हम कितने
दूर हैं
पास हैं!

(2)

मैं ढलता सूरज हूँ
तुम उमगते चाँद हो
चाँदनी बिखराते
थिरकते
नाचते
गाते

मोहित हुआ
जब भी तुम्हें देखने आता हूँ
तुम छुप जाते हो

कब से ये आँख-मिचौनी खेलते
हम अघाते नहीं!

(3)

मैं सूरज हूँ
तुम चाँद हो
जब भी पूछना चाहता हूँ
कुछ तुमसे
तुम छुप जाते हो
सदियों से मेरे प्रश्न
बस अनुत्तरित पड़े हैं!

(4)

तुम सूरज हो
मैं चाँद हूँ
जब भी सोचता हूँ
मैं तुम हूँ
तो मैं नहीं रहता
और जब सोचता हूँ
तुम मैं नहीं
तो चाँदनी गुदगुदाती
मुझे जगाती है
मैं कौन हूँ?

नियन्ता

देहगंध से अकुलाए मनभुवन में
रश्मि-आरेख स्वमेव
अंकित हो जाते हैं।

चिहुँकते आंगन में
आराधना की अज्ञेय अनुभूति
स्वयं उपजती है।
पर कौन निसिबासर
संकुल अंधेरों के बांण
प्रत्यंचा पर ताने
आघात करता रहता है।

पीड़ा कही नहीं जाती,
सही जाती है...नहीं
जी जाती है।

हर क्षण बंजारा है
और सारा जीवन
अर्थ की तर्कना से परे
सिर्फ जीना भर है
जिसमें विलय हो सकते है
खोज नहीं सकते
खोज...

बनी रहती है
बस एक जीवन्त जिज्ञासा।

फिर विचार प्रक्रिया
क्यूं बाधा बने इस गति की,
क्यूं न स्वीकार भाव से मैं
तुम्हारे समक्ष झुकता जाऊँ?

इस सीमातीत वातायन में खिले
अगणित पुष्प
दर्शाते हैं
तुम्हारी ही इच्छा

क्या हुआ जो खिले है
इस निर्जन में,
समर्पित तो फिर भी होते हैं
बस आराध्य-प्रतिमा की प्रतीति नहीं होती
यही व्यथा तो दग्ध करती है,
पर निःश्रेयसता
आत्मानुभूति को अंगीकार कर लेना ही तो है।
फिर ऐसी ही आराधना
स्वीकार है आराध्य को
तो
मैं भी क्यूँ न इसी तरह
अर्पित करता चलूँ
साधना-पथ पर
ये पुष्पांजलि !

उन्मुक्त आयाम

नीम की शिखा पर चहकती चिरैया
पाने रैन बसेरा
चिहुं! चिहुं!!

ठौर पाती तृषा मेरी
वेदना ऐसे ही
बोलती अंतर के स्वरों में
यामिनी में
चिहुं! चिहुं!!

अस्ति मेरी जान लेती
बंधनों का भास
भोर में उन्मुक्त सी
उड़ती चिरैया

चेतना यूं ही मेरी भी
विमुक्त होती
भेदती
दिन याम
वो चिरैया
मोर पांखी!

राम सुमिर

सांध्य-धूलि रमाये अवधूत नक्षत्र
निशा की प्रतीक्षा में
झिलमिलाता है
और चाँद पेड़ों के पीछे से
झाँककर
स्वप्निल पलकों को
चाँदनी की श्वेत उँगलियों से छूता है

पर
आँखें दूरस्थ कहीं उलझीं-सी
कोई आभास नहीं देतीं
एक प्रश्न जैसे रात-भर
अंधेरी पगडंडी पर
जागा हुआ सोचता रहता है
कैसे
और कब तक?

सागर की फैली विशाल थाती पर
एक भंवर
उठ-उठकर तांडव किये जाती है
समर्पण?
हाँ, समर्पण!

खुद ही प्रश्न

उत्तर बन गूँजता है
इकतारे पर पथिक बस
यही गाते जाता है
राम सुमिर!
राम सुमिर!

पर कैसे हो ये सुमिरन?
कैसे हो समर्पण?
छलना नहीं चाहता
तुम्हारी पावन नगरी में
कितनी ही कलौंच इहाएं
अज्ञानमयी विडम्बनाएँ लिए
सकुचाया सा
खड़ा रहता हूँ तुम्हारे द्वार पर
और करूँ भी क्या?
बस चाहे शब्द ही क्यूँ न हों
उन्हें जपता हूँ अबाध
पर कैसे कहूं
'समर्पित हूँ'

खड़ा रहता हूँ
पर मानो अघाता नहीं
सोचता हूँ
आ ही क्यों ना जाये जीवन सांझ
यूँ ही
तुम्हारी आस तकते-तकते !

अवधूत-नक्षत्र धीरे से मुस्कुराता है
प्रभु-सुमिरन की अदम्य इच्छा
एक आद्य-संदेश बन
पुनः पुनः संचरित होती है
फिर वही

राम सुमिर!
राम सुमिर!
यही मंत्र है
यही ध्यान औ प्रार्थना।

न जाने कितने मंथन के बाद
पलकों पर चांदनी की मृदु-छुवन
सांत्वना दे पाती है
और प्रश्न
रात भर जागने की
थकान को भूल
चट्टान पर अपने कानों को लगा
भीतर बहते
एक अजस्त्र आनन्द-स्रोत
श्रवित करता
पलभर स्वयं को भूल जाता है

जिज्ञासा
स्वयं चेतना बन जाती है!

जिसे पाने को

समय के उस मोड़ से
जहाँ तुम दिखे थे

अब भी देख रहा हूँ
वैसे ही हो पावन, दिव्य
सागर से अगाध!

इस बीच न जाने
क्या क्या हुआ
क्या क्या बना
कभी बादल की तरह दिशाहीन सा
आकाश की निस्सीमिता में डोलता रहा
कभी पहाड़ों के विस्तार में
बोझ में
प्राची-प्रतीची की स्वर्णिम विराट ललाई को
अपने दोनों हाथों से बटोरता रहा।

फिर कभी झरना बना,
नदी बना,
फूल बना,
चाँद बना,
अंधेरा बना,

बनता गया
बिगड़ता गया
पर तुम वैसे ही देखते रहे।

मैं क्या था, क्या हुआ, क्या हूँ
अनभिज्ञ हूँ मैं
पर जानता हूँ
तुम वही हो
जिसे पाने को
मैं बना हूँ,
बिगड़ा हूँ!

मन के आंगन में

(1)

जानते हो
अंधेरे में बैठे बैठे
मन....
कैसा कैसा हो जाता है
कहूं....
ऐसी हूक सी
तारों में
बार बार उठती है!

(2)

जरा सी खिड़की को खोलकर
झांककर
सारी अंधियारी रात
पीले आवरण में सो जाती है
इस आवरण से बाहर जाने को
मन टीस उठता है
और अपनी अकिंचनता पर
देर तक झुके हुए चांद को
तुम्हारे सिरहाने पड़ा

निहारता है
जब तक सफेद कपोलों पर
एक आर्द्रबूंद...
सब कुछ स्वप्न समझ लेने को विवश करती
आत्मा की कोर से नहीं ढुलक जाती।

(3)

हाथ बढ़ाकर छत की मुंडेर से
नीम की नई कोंपलों को
छू लेता हूं
तुम....
इतनी विवश क्यूं हो?

(4)

सागर के किनारे तुम्हारा नाम लिख दूं
पहाड़ों पर फैले बर्फीले कुहासे में
तुम्हें याद करूं
किसी बाग में तुम्हें खोजता रहूं
चाहूं ...
कि तुम
कहीं न हो
तो मेरे पास आओ
या
किसी कोने में तुम्हारा नाम फुसफुसा कर
उसकी अन्तर प्रतिध्वनि से ही
मोहित होता रहूं
पर तुम्हारे समक्ष बैठे
कैसे
तुम तक पहुंचूं?

(5)

लहरें तो प्रारब्ध हैं
अन्त तो है
गहराई में पैठा
निस्तब्ध
निश्चल
मौन
प्रेम...

(6)

न जाने किस व्यथा को लेकर
हम जन्मे थे
न जाने किस व्यथा में हम जियेंगे
क्यों
अपने वातायन के सारे कपाट
एक साथ खोल दिये
किस विश्वास ने
इतना असुरक्षित हो जाने का
संबल दिया!

(7)

जो नन्ही चिड़िया सवेरे
पास की दीवार से चहकती थी
वो अब
रातभर पंख फड़फड़ाती है
हम
कैसे एक दूसरे का दर्द जानें?

समर्पण

मेरे आत्मानुष्ठान का दीपक
जल रहा है
तुम्हारे भव्य भवन के
एक कोने में
कुछ चाहना नहीं है।

प्रेम की शाश्वत जिज्ञासा लिए
अगर गंधमादन का पुष्प
खिला है अरण्य में
तो महकेगा भी
भीनी ओस भोर की उसे सहेजेगी
खेलेंगी
रजनी में रजत-सी रश्मियाँ
उसकी पंखुड़ियों पर

दूर किन्ही आँखों से उपेक्षित
किन्तु प्रकृति की सुरम्य बाहों में सहेजा
वो गहेगा
तुम्हारी ही रचना
तुम्हारी ही सृजना!

क्यूँ न हो
भवन तुम्हारा अतिविशाल ही
जब दहन होगा तो खुलेंगे

आलोक में
नये-नये द्वार
सप्तवर्णी-मनोहारी
नित-नव-नूतन रंग।

मोहित दृष्टि के नेपथ्य में
रहोगे कब तक,
दृष्टिगोचर होगे जब
तब भी क्या
छिपे रहोगे?

पल छिन में
खुल जायेंगे सारे द्वार
समा ही जायेगा
वो मेरे मन-कुटीर में
बाजेगी जहाँ बाँसुरी
खनकेगी खड़ताल
यूँ कि अलभ्य नाद से
गूँज उठेगा सारा ब्रह्मांड।

ये आत्मबंधन
रहेगा बंधन ही
जन्म जन्मांतर तक

ये आत्मदीप
तुम्हारे भवन के कोने मे आ पहुँचा है
कैसे भी...!

अब बुझेगा भी तो
तुम्हें ही बारम्बार
प्रदीप्त करना होगा,
नई ज्योति देनी होगी,
तुम तक पहुँचने के अनन्त सोपान
तुम्हें ही दिखाने होंगे!

तुम्हारे जाने के बाद

तुम्हारे जाने के बाद
पुनःश्च
चिड़ियाएं लौट-लौट कर
पास की मुंडेर पर देर तक बैठेंगी

और मैं निर्जीव सा
टिटहरी की टिटकारियां,
कीर की पुकार
और
क्षितिज के कोने में मुक्त सी
एक पृथक हुई
बिसूरती शाम की
अंतिम विभा को
स्पंदनहीन
निर्धूम सा
जलता देखूंगा

जान लूंगा फिर
कि
या प्रयत्न करूंगा।

निर्लिप्त-सी अंधकार में बैठी
छायाएं

शल्य से टीसते अस्तित्व पर
फिर लिखेंगी
ना जाने
कौन सा नया गीत।

टप-टप-टप

टप-टप-टप
कमरे की छत चू पड़ी
सामने अंधेरी कोठरी में
बुझते दिये से
टपकने लगा उजियारा
टप-टप-टप

आओ पियें दो दो घूंट चाय
बहुत दर्द है
बाहर की थकान
अन्दर की थकान
टपकने लगी
बूंद-बूंद कर कलेजे पर
टप-टप-टप

बादल गरजने लगे
चमकने लगीं बिजलियां
अंधेरे की अभ्यस्त
दो अंखियों से ठंडी-ठंडी
टपकने लगी बूंदें
टप-टप-टप

दूर बिखरती खिलखिलाहट

भरी-भरी सी
जबर्दस्ती जैसे हंसता हो
खी खी कर टी. बी. का मरीज़
या झड़ पड़े हो ढेर से पीले पत्ते
पतझड़ में
जमीन पर
टप-टप-टप

चुन चुन कर गूंथे
फूलों के हार से
झड़ पड़ी हों पंखुड़ियां
टप-टप-टप

बहुत ठंड है
कंपकंपाहट है
थोड़ी आग जला लो
स्वप्नों को सुला दो
शायद पिघलने लगें यादें भी
धड़कन बन बूंद सी
टप-टप-टप

कितनी बार पथिक!

वो अचानक आई
और मैं हतप्रभ सा बस देखता रह गया
कितने वर्षों बाद ....??
पर निकल न पाया एक भी शब्द
बरसों का मौन जैसे मुखर हो उठा।

वो मुस्कुराई
बोली
कितना सुन्दर मकान है तुम्हारा
अच्छा सजाया है
सारे सामान ही बटोर लिये हैं
सुख सुविधाओं के
कार भी है
और भी बहुत कुछ जुटाया है
इतने वर्षों में!

फिर वो तनिक रुकी
अवसाद घिर आया
बोली
'क्या कुछ भूल गये तुम
...मुझे कभी याद किया?'

कितने ही बसंत आये होंगे इस बीच

खिले होंगे पीले बसंती लाल फूल
महकी होगी बेला चमेली
लगती होगी मन में एक गहरी टीस
एक हूक सी उठती होगी
अल्लहड़ बावरेपन में
बरबस मन-नायिका स्मित सी
चिहुंकती होगी
कैसे उलाहना की होगी इन सब की
कैसे बीत जाने दिये होंगे
इतने बसंत
आश्चर्य..!!!

इस बीच कितने ही पतझड़ भी देखे होंगे
सुनी होगी हवा में
उड़ते सूखे पत्तों की व्यथा
कुछ तो बीतते क्षणों ने
कुरेदा होगा वीतराग को
कभी तो अपने से अलग
अपने को मिटते हुए
देखा होगा!

मन तो किया होगा
कि रोक दूं समय के बीतते पहर
भूलने न दूं उसे
जो प्रिय है
पर बीतते गये पतझड़ कई कई
धूलधूसरित मौन में पड़े
तुमने एक करवट भी न ली?

और वर्षा ऋतु में
उमड़ते बादलों के बीच

सावन की बौछारों ने
भिगोया होगा तन-मन
पर क्या रिस कर
गिरी एक बूंद भी
सीपी के मुख में
और उभरा आत्मायन में
एक धवल अम्लान मोती!

और क्या तुम नाचे
आनन्दातिरेक में
पगलाये मोर की तरह
या चातक की प्यास-सी
असीम पिपासा में
चिल्ला उठे...
कहां हो तुम?

भूल गये!
कितने ही रहस्य खोजते
अघाते न थे तुम
हर कुहासे का आगमन
मन आंगन में
रेखायें खींच जाता था और
भोर की किरणों में
रासरम्य बांसुरी के स्वर
स्वयं को खोजते
बौरा जाते थे।

सोचा था इस बार
लगोगे पार
रोक न पायेगी
कोई मनुहार
हा! पर हुआ नही यह

लगते गये अम्बार
इच्छाओं के
बंधते गये बंधन
फिर वही
मरीचिका... !!

पर तुम
भूले कैसे अपना चांद
और चांदनी की मोहकता का भ्रम
फिर स्वयं को चांदनी के फूलों पर
बिखराकर
पुनः समेटना
राग विराग
अहम और विकारों से परे
वापी की तरह ध्यानस्थ
बस स्वीकारना।

तुम जो नीम की छांव में
चुप बैठे
सारा दिन बिता देते थे
और निर्वात से झरे शब्दों को
एक माला में पिरो
अर्पित कर देते थे
सांध्य के ढलते सूरज को।

कहा था ऐसे ही अर्पित क्षण में
एक दिनः
विश्वास करो
भूलूंगा नहीं!

इस बीच कितनी ही बार
मैंने तुम्हें पुकारा भी

गर्मी भरे तपते दिन में
सागर की उत्ताल लहरों से
लोगों से भरी इस नगरी में
अंधेरे कोनों में
कोलाहल में
पर जैसे तुमने कुछ सुना ही नहीं....।

बहुत संचय किया है मनई
बहुत कुछ
नाम हुआ है
लोगों ने जाना है
पहचाना है
कुछ भान हुआ है करने का
और भी इच्छा है आगे बढ़ने की
रुकोगे भी कैसे अब
इस गति में - आवेग में
पर कहूं,
बुरा न मानो तो
तुम बस तुम ही तुम रह गये हो
होना था तुम्हें सागर सा
डूब जाना था आकण्ठ
उस होने में।

डब डब आंखों में
कितने ही स्वप्न बहते गये
उठ न सकीं पलकें
बोझिल मन
आर्तनाद कर उठा
कह न सका
कि फिर आना
आते रहना

कि इस बार बसंत के रंगों में
हम साथ-साथ डूबेंगे
और सावन में
पेंगे बढ़ा
आसमान छू लेंगे

छू न पायेंगे हमें
ये बंधन
बांध न पायेंगे
ये दुनियावी बोझ
फिर मुस्कुरा मैं तुम्हें
और तुम मुझे देखोगी
किंचित....?

जैसे सैकड़ों शर देह मन को
विच्छिन्न कर देते हैं
निष्प्राण सा
कहता हूं
तेरे द्वार तक आकर
तुझे भूला हूं
पर बुझा नहीं हूं
थका भी नहीं हूं
पीड़ा भी वैसी ही सालती है
पर इस लम्बें रास्ते में
क्या सचमुच
तुझे छोड़ आया हूं
कहीं दूर?

व्यथा की कथा

व्यथा मुड़कर देखती है
प्यास से भरा वातायन
कहती है
वो कहानी
जब हवाओं में घुली बर्फ
कर देती है सजीव दृश्यमान वस्तुओं को
और बहुत भीतर
कुछ मरकर
उस सजीवता को
आगोष में लिये बेतहाशा प्यार करता है

वो कहानी
जो शब्दों पर
श्वेत-पर लगा देती है
जहां छत पर धीरे से आकर
कोई पास खड़ा हो जाता है।

मैं छुपाना चाहता हूं उसे
सारे संसार से
रखना चाहता हूं
उसे अनछुआ!

वही कहानी कभी खिंचकर

एक उकताहट बन जाती हैं
पोर-पोर से धमनियों के
फट जाने का कम्पन
द्रवित करता है।

लेकिन ये बात भी
कितनी पुरानी हो चली है
उसे कब तक कहूंगा?

सारी चीजें ही बहुत पुरानी हो चली हैं:
वही लोग
वही रास्ते
वही बातें
वही शाम होते ही छत पर चले जाना।
मैं शंका नहीं करता
पर क्या ये सब वही है
वैसी ही
जैसे मैंने देखी थी कल?

क्या हो गया है मेरी आंखों को
जो देख नहीं पातीं
इस झीनी यवनिका के पार
उस उन्मुक्त नाटक को

एक भारी गेंद सी
वातावरण के दबाव में डबडबाती है
एक शब्द सतह से उड़ता
भीड़ में खो जाता है
जैसे चिरंतन काल से उस कहानी को
मैंने नहीं
मुझमें ही किसी ने सुना हो

जैसे बाहर बरसात में
दरवाजे के पास उसे भीगे हुये
देखा हो
और अन्दर वातायन में बहता पानी
कह गया हो मुझसे
किसी व्यथा की कहानी।

दीपक की विभा में बैठे
सब कुछ स्वीकार करता हूं
अधूरापन सुरभि सा महकता है
ठहराव वस्तुओं में नहीं उभरता
पर जब व्यथा मुड़कर देखती है
तो वही कहानी
टूट टूट कर
धमनियों के बीच घाव बनकर
उभर आती है।

तू है : मैं हूं

न जाने अपनी ही कुपोषणायें हैं
या कि संसृति के दुख का
पारावार नहीं
अपनी ही निगाहों से देखूं
तो कुछ समझ नहीं आता

मिले निष्कर्ष
जी को भाते नहीं
उस पर भी
अपने ही अनुभवों पर
शंकाओं के अंधेरे उजाले घिरे हैं
प्रतिपल।

हां! कभी अपनी अक्षमताएं कोसती हैं
तो कभी
क्षमताओं के अनधिक आवेग
चेतना की द्युति पर
जलकुंभी की तरह फैलते जाते हैं
जो फेंके नहीं जाते
जो रखे नहीं जाते
और फिर यही सारी व्यथा की सामग्रियां ही
समिधा हैं
जीवन हवन की!

करता हूं जो भी
नीरसता वहीं घेरती है
उमगती है विष-लता सी यह विडम्बना
कि कैसे तुझ तक आने का
सहारा होगा।

दिखता नहीं है जहां तू
झलक भी प्रतिलक्षित होती है जहां नहीं
भला वहां मैं
कैसे रहूं?
कह लो कि ये भी
है मेरी ही मनगुहा का अंधेरा,
कि मैं हूं - तू है
तू है - मैं हूं
भला क्यों है?

पर तू भिज्ञ जो मुझमें
है अनभिज्ञ
वही तम को खलता है
पर हाथ पकड़कर खींचते हो
यहां वहां
जाने कहां-कहां
कि जहां टूट जाती है आस
पाती है तुम्हें
वहां!

क्या कुछ कहा...?

मैं कहूंगा
तो भला तुम क्यों सुनोगे
तो लो
नहीं कहूंगा आज कुछ!

यहां नदी के मुहाने
सबकुछ सिमटकर आ जाता है पास
और फिर
किनारे की रेत
चिपक कर हथेलियों में
पूछती है अकस्मात
क्या कुछ कहा...?

यहां देवदार, चीड़ और नीले पहाड़ नहीं
घाटियों की गहरी धुंध भी नहीं
पलभर सबकुछ भूलकर
विस्मृति के बहुत गहरे
मधुर अहसास में
डूब जायें
ऐसी पुलकित करतीं
दिशायें भी नहीं

पर ये जो नदी है

और कहीं-कहीं जलकुंभियों से
ढका नीला पानी है
पत्थरों के तट हैं
मुहाने हैं
कहीं जलपक्षियों का जमघट है
कलरव है
वहां जिज्ञासा
चुपचाप आ बैठती है।

तुम भी जानते हो
मेरे बोलने न बोलने से
कुछ होता नहीं

पानी के भीतर से टुकुरतीं
नीली आंखें मछलियों की
उछलती बूंदें
और आकाश की निश्छलता
स्वंय आ आकर
फुसफुसाती है
तब सारी विस्मृतियां
फिर स्मृत हो जाती हैं।

तुम्हारे इसी विश्वास को लेकर
मैं चुप रहूंगा
जब तक अनायास ही
तुम न कहो
क्या
कुछ कहा ...?

अकेली मत जैयो

पीर उठी है तो
बिन दिया जलाये
एक अंधेरे कोने में
नुपूरों को
वीणा को छोड़
चुपचाप बैठूंगी
क्या स्वनित होता है?

जब पुकार मौन की वेदना बन जायेगी
पपीहे का क्रंदन
शुष्क बादलों से थमकर लौट आयेगा
तब अनीहित सी एक प्रेप्सा
अनायास उठेगी

तपती रेत है
विदीर्ण किनारा है
नरकुल के ठूंठ हैं
और बीच निःशांत नदी की धारा
क्या लौट चलूं?

इसी उहापोह में ढलती शाम जब
नदी की लहरों से झिलमिल
अंधियारे उजियाले के बीच

पुलिन तट से
बुलायेगी
किनारे की ठंडी रेत
तो पाऊंगी
अकेली कहां हूं मैं
देखूंगी
पदचिन्ह तेरे!

अधीरता है तो
पा लूंगी
अपनी पीर का आधार

आई थी अकेली
पर कहां हूं अकेली
हूं मधुबन में
अब उसकी
एक सहेली!

वेदना का प्रस्फुटन

हृदय खण्ड-खण्ड हो गया
तब निरीह अकेली वेदना
मेघ रहित आकाश पर
अस्पष्ट सी फैलती गई।

हृदय के उन अंशो के बीच
बहने लगा तरल द्रव्य सा
बन गये मेरे अंदर ही
अनगिनत द्वीप
असहाय सा मैं छटपटाने लगा
सागर की थाती पर

तब मैंने सुना
देखो! अब रात होगी
फिर सुबह और शाम होगी
यूँ ही पुनःश्च - पुनःश्च
तुम्हारा अनुताप भी
शल्य सा स्मृति में
सालता रहेगा बस!

और जब एक दिन आयेगा बसंत
खिलेंगे पीले सरसों के फूल
क्षितिज से झूम झूमकर चलेंगे

पवन के झोंके
तो निष्चय ही वेदना का यह भार
नितान्त गहन हो जाएगा।

तब स्मित वो
हिमान शिखरों से लहरा कर
पुकारेगी तुम्हें
महकते उपवन केसर के
पहुँचेंगे तुम तक
सुरभि ले।

तब पैरों में नूपुर बांधे
वो नाचेगी
मेघ-रहित आकाश पर
पास की मुंडेर पर
नीम की फुनगियों पर
उस पर भी
जिसे तुमने देखा है
स्पर्श किया है।

उस तीक्ष्ण-वेधक शल्य पर भी
जो स्मृति में गड़ा हैं
उसके थिरकते पैर
नये सुर रचेंगे
नवजीवन देंगे।

तब नतशिर हो
नक्षत्रों के मध्य
कौतुहलपूर्ण
अपने को देखोगे
और कहोगे
जाना!

हाँ जाना!
तुझे
जिसकी आराधना में
मैं कभी
टूटता-टूटता
अनगिनत द्वीप बन गया था!

आस-निकेत

वो ख़ुशी क्या
जो आने से आये
जाने से जाये

नदी की तरंगें यकायक
उत्ताल कोलाहल से
भर उठीं
फणधर गर्व से मस्तक उठाता
तरंगों को आक्रांत कर गया
टिटहरी अध-सूखे पेड़ से चहकती
पानी के उपर कुछ देर को उड़ी
फिर लौटकर
खाली चट्टान पर बैठ गई।

मैं किनारे से तनिक झुका
तो अपनी प्रतिच्छाया तरंगित होती गई
चट्टानी बोझ तले दबा मन
फिर भी कुछ कुछ हर्षाया।

मन में मूक बैठा
स्मित कभी
कभी उदास रूप
अपने ही भावों में सिक्त

कुछ गढ़ा
कुछ अनगढ़
आसनिकेत है।

प्रेम तो बस मन की गहराई है
मन के बाहर
कोई रूप-मुग्धा भी है
मोह के प्रांगण में खींचती
पुष्प देह की स्वामिनी
तो धन्य भाग हूं मैं!

लेकिन स्वीकार वही है
अव्यवहारिक
मूक
स्मित
उदास प्रश्नों की चितेरी
आत्मचित्त
उसे ही मेरा अंतर्मन
पूजता है
वही
नारी मन है मेरा!

सुख दुःख की इस भावनगरी में
अंधेरे उजाले हैं
लेकिन सुरक्षा कहीं नहीं
प्रश्रय तो भीतर ही कहीं है
फिर भ्रमना तो
कारण जगत है
और जो पाया नहीं जाता
उसे ही तो प्रभु कहते हैं!

कुहासे की परम्परा

भूरी काली चट्टानों और हरे दरख्तों पर
सफेदी की पर्त चढ़ी
तो एक आवरण भीतर भी चढ़ा
आभा की किरण
कुछ और सिकुड़ी
कुछ और सहमी!

भली थी इससे तो
हल्की उड़ती नर्म चांदनी
पत्तों से पर पसार उड़ती
चांदनी के सफेद फूलों में उलझती
और
देह से
मन से लिपटकर
सत्य के द्युति-पुंज में
प्यार और सहवास देती।

पर अब तो
सर्द नीरवता में
शून्य की दीर्घा में
जैसे मौन कंपकपाता है
पर मुई ढीठ अकथनीय वही पुरानी बातें
बेधड़क आवाज़ किये जाती हैं

चांदनी कुहासा बन जम जाती है
गुपचुप पत्तों-पत्तों से
हवाओं में
फिर दिशाओं में
और आकाश में
एक कुहरिल गुदगुदी छा जाती है
चमकता वीनस
चांद के पास सरक आता है।

कुहराई समय की गति
बेलाग बढ़ती जाती है
खुद ही अपने पैरों पर
अपने विचार
कुल्हाड़ी मार लेते हैं।

मालूम नहीं ऐसा क्यों कर है?
पर है
शायद अपनी ही कोई कमी।

पर्त दर पर्त दबी कुहासे की चादरें
हर वर्ष अंधेरे का इक इतिहास
बना देती है।
मृग तृष्णा की तरह
उजाले और कुहासे का
यह खेल चलता रहता है।

ना जाने क्यों
तोड़ नहीं देता
सुबह का सूरज
ये कुहराया भ्रम
और क्यों

दिख नहीं पाता
कुहरे की चादरों के आर-पार।

हर किरण के पीछे
कुहासे की एक पर्त है
पर
हजारों पर्तें हैं
हर बार
हर वर्ष
फिर एक नई कुहासे की पर्त
छा जाती है
दूरी
कुछ और बढ़ जाती है।

संवेदनाओं के द्वीप

चाँदनी में डूबा
मृत सूखे ठूठों का जंगल है
जहां आवाज अपरिवर्तित
नीरस लौटती है
पत्तों की खड़खडाहट
जीते पेड़ों की साँसें
और
किसी के होने की गंध
दूर दूर तक नही।

बस भरमाती है
सूखे ठूठों को
रास्ते में बिखरे कंकड़-पत्थरों को चमकाती
अतृप्ति को स्थिरता का भास देती
मारक-मंत्र से भरी चांदनी।

बावड़ी का मटमैला पानी
अबाध ईप्सायें लिये
धूम्रपुंज की तरह
खड़ा हो जाता है।

यदाकदा इस जंगल में
आती है ठंडी हवा भी

आभास देती है जो
कहीं प्रभात हो जाने का।

चांदनी छाई रहती है वैसी ही
सूखे ठूठों की परछाईं भी नहीं पड़ती
दूर फैली भूरी चट्टानों पर।

उन चट्टानों के पीछे छिपते
सूरज को देखने की अदम्य इच्छा लिए
खरोंच खाई
परित्यक्त धूप की किरण
हर शाम
बार बार आती है।

कटे हुए होने का यह आभास,
किन्ही अज्ञात शक्ति उर्मियों को
बादलों तक पहुंचा देता है
जहां सांत्वना के कुछ क्षण
थके परों को किसी तन्द्रा में सुला देते हैं।

फिर जाने कब
किसी अनजानी वीथिका पर
गिर जाता है यह आभास
चाँदनी के सूखे जंगल में
जहाँ किसी प्रश्न का कोई उत्तर नहीं
कोई संवेदना नहीं
और जहाँ खुद के
'होने' 'न होने' का कोई अर्थ नहीं
कोई प्रतिक्रिया नहीं!

तू दयानिधि

आज तुम्हारी अनुकंपा के समक्ष
मेरी श्रद्धा
एक तृण की तरह कांप उठी।
तुम्हीं श्रेयकर हो
मिटा देते हो
अस्मिता के पूर्व पदचिन्हों को।

जन्म जन्मान्तर की यह तृष्णा
विरूपित है जो
मूक पत्थरों में
पत्तियों में
झरनों में
निगूढ़ वनों में
वहीं न जाने कितने बसंत
कितने पतझड़
समय की प्राचीर को लांघ-लांघकर
करते गये हैं
नियति का निरूपण।

न जाने कितनी बार
इन्हीं पत्थरों के सिरहाने
नैराश्य में
अधीरता में

और शून्यता में
बना हूं मिटा हूं

हुआ है क्या इसका अंकन
तेरे भी किन्हीं
अज्ञात पृष्ठों पर?

इस नवोदित सूर्य की
झलक में
वेदना के भाव में झुकता
दोहरा हो चला हूं
आज अपनी श्रद्धा को
तेरी अनुकंपा के समक्ष
क्षुद्र देख,
सिहर उठा हूं।

सम्बोधि : प्रेम और वासना

अजेता सी खड़ी चट्टान
दुर्गम पड़े व्यवधान
प्रश्न जो निकले अचेतन से
निकली पहेली ये भी
पहचान स्वयं की है
क्या वासना?
अजेय सी ललकारती
बनी योद्धा!

अर्थ जाना
किंतु अधूरा
साथ ही जाना कुछ और भी
कि सृष्टा मैं नहीं!

वासना जो शून्य सी पैठी
सम्बोधि-क्षण में
बह उठी
प्रेम की बन
निस्सीम अविरल सलिला

जो पास था
झाँक कर
उसमें

फिर
प्रतिबिम्ब देखा।

जो बंधा था
अर्थों में
शरीरी-बोध से
वो वासना का घट,
उद्‌घट हुआ
परिमल सुधा रस प्रेम में!

जान पाया कौन?
वासना का अर्थ
जिसने समझा उसे बस
इच्छा औ' बंधन
क्षुधा उसकी
क्या तृप्त हो पाई?

जो है क्षुधातीत
आत्मगत होती
मिलन की प्यास में आतुर
शून्य की गति हो
ज्यूं महाशून्य में
निर्झरिणी तृप्ति
जो सागर में
वो वासना ऐसी,
जिसे
अर्थ दे बैठे हमीं:
ये वासना
ये प्रेम है।

किंतु जो सम्बोधि गुह्यतर
ज्योति में जीवन्त जो

ऐसी चिदात्मन के
सामीप्य में सुरभित
क्षुधा...
क्षुधातीत क्षुधा वो !

विरहिणी

बहुत दिन बीत गये,
विरहिणी आहट सुनती है
द्वार नहीं खोलती!

भीतर मद्धिम उजाला है
एक परछाईं शीशे पर
डोल-डोल जाती है।
बूढ़ा बालक
देखता है
घायल आँखों से
चाँदनी
बर्फ के श्वेत फूलों सी बिखरी हुई।

क्या हुआ?
क्या किया?
जो इतने दिन इस भीड़ में खोकर
घूमता रहा सड़कों पर
चलता रहा जलते रेगिस्तान पर
चुपचाप इस भीड़ ने
जाने कब छीन लिए
करुणा के तुहिन कण
झुलसा दी
प्रेम की मखमली हरी घास

कि मन पुनःश्च मांग उठा प्रश्रय

नीड़ः
जहाँ खिलती है पीड़ा फूल सी
सालती नहीं!
आशंकित विरहिणी
पर खोलती नहीं द्वार
कर देता है
शिशु चेतना पर सम्मोहन
चारों ओर बिसूरता सन्नाटा।

तभी धूम्र सा शब्द-मेघ उठकर
घुल जाता है चाँदनी में
और खुल जाते हैं
ज्योतिर्मय सभी द्वार!

लहर तुम भी

वैसे तो कौन देखेगा तुम्हें
कौन पूछेगा
और दिखते दिखते
न दिखोगे जब
तो किसी को कानोकान
खबर भी नहीं होगी
थे तुम
ये कौन जानेगा?

पर देखोगे सागर तो
छुओगे किनारे पड़ी सीपी भी
और मुट्ठी में अनायास ही भर लोगे
गीली रेत।

सागर किनारे खड़े हो
अथाह जल के स्पर्श का सुख
और पैरों के नीचे सरकती
रेत की गुदगुदी
तुम्हें अनछुआ थोड़े रखेगी!

जाने लगोगे तो
विछोह की कसक कहीं कोने में सिमटी
पूछेगी : आओगे फिर कब यार!

अब तो चाहो भी तो न छिपोगे
पकड़ लेगी हाथ
बेला की कली
सिमटकर बोलेगी पथ की घास
आओ बैठो पास!

चांदनी झूला बनाये
राह देखेगी कहीं
और पूछेगी कहीं चिड़िया
'राह तो भूले नही?'
अब कहां रह पाओगे
इस छांव में
ढूंढने निकलेगी वो तुमको
तुम्हारे गांव में।

तुम कहां हो तुम
तुम-सब
तुम्हारे साथ सब हैं
देखकर आये हो तुम सागर
ये मत भूलो
तुम भी बने हो
एक लहर!

फिर तुम्हारी याद आती है तो...!

(इस अन्तहीन यात्रा के लिए जो शीर्षक चुना है वो सिर्फ अतीत को नहीं दर्शाता बल्कि मन के किसी भाव को विभिन्न रूपों में - काल, स्थान और परिस्थितियों के सापेक्ष देखने का प्रयत्न करता है। किसी के बहाने जो रूप स्वयं को प्रिय है अपने को ही याद करना, देखना कितना सुखद है, इसका अनुभव इस मनःस्थिति से गुजरने वाला ही समझ सकता है।)

(1)

इस ऊबड़ खाबड़ रास्ते पर
हाँफते चलते
देवदार और चीड़ की छाँव में
लुकते छिपते
सूरज की तेज धूप ने छुआ
और मैंने फिर तुम्हें याद किया।

इतने दिनों-पता नहीं वर्षों बाद आई
इस चिरपरिचित याद का
कोई कारण
इस समय
और यहां?
...समझा नहीं

यहाँ कोई दुनियावी आकर्षण नहीं
बड़ी इमारत में सजा ड्राइंगरूम नहीं

यहाँ है सिर्फ पत्थर, पेड़, बर्फ
और नीरव शान्ति को तोड़ते झरने
बीच-बीच में उस शान्ति में
ऊबती-डूबती चिड़ियाओं की चिरचिराहट
ऐसे में ये याद?

एक इतिहास है इस याद का
एक जीवंत धाराक्रम
सिर्फ धुंध
उसके न होने का दर्द
बार-बार उठाती है

कभी वो धुंध
जब वर्षों नहीं हटती
तब अकुलाहट
हलक तक अटकी रहती है
बस मृतप्रायः सा जीवन चलता रहता है।

पर अब
इस धूप-भरी याद में
ये पत्थर बोलते हैं,
बर्फ बोलती है,
पेड़ बोलते हैं,
इनको जोड़ती स्तब्धता बोलती है,
मेरा पोर-पोर बोलता है।
और धूप की थिरकन को
पत्तियों पर,
बर्फ पर,
चमकते देख
तुम्हारी याद की बलायें लेता है।

कौन हो तुम?

मेरी अकुलाहट,
मेरा दर्द,
मेरी खोज,
मुझसे कुछ अलग
या फिर मैं
अपने को ही बार-बार
अलग-अलग समय में
विभिन्न रूपों में
परिस्थितियों में
याद करता हूँ

मेरी याद
क्या तुम
मैं हूँ?

(2)

बाग के बहुत सूने कोने में
मैंने तुम्हें याद किया
हरी हल्की सी नम घास पर
हथेलियां टिकाये
मैंने दूर आकाश में टिमटिमाता
एक तारा देखा!

तेरी आस्था ने
मुझमें अनजाने ही
मुक्त ऋचाएं भर दीं
न जाने कब मैं
गृहविहीन हो गया
अब यहां भी क्या
वहां भी क्या

सब जगह वैसा ही हूं
परिस्थितियों में उलझता सुलझता
अपना रास्ता बनाता।

यूं तो बहुत सोचा
चेष्टा की समझने की
पर इस प्रयत्न की थकान में
अपने को पंगु अनुभव किया
पेड़, पत्तियां, फूल
धूल के छोटे छोटे कण भी
मेरा उपहास उड़ाते चले गये।
ये भी एक बात है
कि शोर में डूबा
अचानक ही अनमना हो जाता हूं
तब चाहता हूं ...
कहीं दूर जाकर तुम्हें याद करूं।

आज तुम्हें याद किया
तो पलभर को धुंधला अंधेरा घिर आया
फिर हरी घास से दबी दबी सिहरन उठी
मैं चमत्कृत-सा उठा
ढेरों नीले पीले लाल फूल
झूमने लगे
पानी की लहरों पे
धीमे-धीमे गीत मचलने लगे
तब माली की नजर बचाकर
एक सुंदर-सा फूल मैने तोड़ा
और चुपचाप हथेलियों के बीच छुपा लिया।

(3)

सुबह-शाम,

कभी तुम्हारी दूरी प्रेम बन जाती है
तो कभी तुम्हारा सामीप्य भी आनन्द नहीं देता,
जैसे शब्द अर्थों से भिन्न हो जाते हैं
और सब कुछ जीवन गति के
उन्नति अवनति के लहराते सागर सा
दूर बस तुम्हें देख पाता है
तटस्थ,
सन्यस्थ,
पर
प्रकृति की गतिमयता के जनक
कारण और निवारण।

जीवन लहरों में ऊबती डूबती
उन्नति अवनति
सुख दुख
धूप छांव
प्रेम निराशा को ही बस
अपना जीवन समझ
भूल जाता हूं
तुझे
या कि स्वयं को।

फिर तुम्हारी याद आती है तो सोचता हूं
न जाने इस बार तुमसे मिलकर
कौन-सा नया कौतुहल मिले
और मैं एक नये भाव से
फिर तुम्हें देखूं!

(4)

इस शहर में
जहां की सड़कें, गलियारे, लोग

सब अंजाने हैं,
वहां
एक ठंडी सुबह में
सुनसान से पार्क के बीच
चलते चलते
तुम याद आओगे
अचानक
और अचंभित-सा मैं
इन सड़कों में, पार्क में, लोगों में
तुम्हें खोजने लगूंगा
ऐसा सोचा न था।

यहां तुम्हें कोई जानता नहीं,
यहां तुम्हारे चित्रित रूप नहीं,
आकार प्रकार नहीं
पर वहां भी तुम
शाम की सुरमई ललाई में
चमकते फूलों में
पार्क से गिरते सूखे पत्तों में
वैसे ही दिखते हो
जैसे हो

फिर ये पथ
ये वृक्ष
ये शाम
ये सुबह
ये रात की निस्तब्धता
देखने की ही तो एक विधा है

तुम याद आते हो तो लगता है
जैसे अपने ही किसी ने याद किया हो
और तुम हर दूरी में भी

उतने ही पास हो।
(स्ट्रासबर्ग के एक पार्क में)

(5)

एक हंसी नदी को छूती हुई
आकाश में खो जाती है
अपने से ही डरी
विस्मित आंखें
लहरों पर एक कविता लिख देती हैं

दूर से आती स्टीमर की आवाज़
और पास निकलती
तेज़ कारों के शोर में
फिर तुम याद आती हो

कैसी है ये स्मृति
जो कभी विस्मृत नहीं होती
शायद
कभी नहीं!

कितने ही उत्तर
कितने ही समाधान
कितने ही दुनियावी बहलावे
बैठ-बैठ के वर्षों से समझा रहे हैं
पर कौन समझा पाया?

वो जो कोने में न जाने कब से बैठी
बंद दरवाज़े खड़खड़ाये जाती है
अघाती नहीं
निराश नहीं होती
और पट खुलते ही
हंसती-हंसती

घास पर कूदती फांदती
वृक्षों की टहनियों पर झूलती
पूछती है
मेरे साथ खेलोगे?

यकायक जैसे मैं
एक तंद्रा से जागता हूं
एक सनसनाहट सी दौड़ जाती है
सब कुछ उन्मुक्त हुआ
रूई के फाओं की तरह उड़ने लगता है
समय की गति जैसे रुक जाती है
और मैं हरी घास के
एक कोने से
दूसरे कोने तक दौड़ता
तुम्हें पुकारता हूं
फिर तुम याद आती हो तो....!

(स्ट्रासबर्ग और जर्मनी के बीच बहती रायन नदी को देखकर)

(6)

जब भी ये शाम लौटेगी
तुम याद आओगी
नदी के साथ-साथ
खोये-खोये से रास्तों के बीच

एक नज़र
कभी देखगी
कैथेड्रल में फैलती रंगीन रोशनी
तो कभी भरा पूरा चांद
बादलों के बीच से
देखेगा मेरी नज़र!

मुझे मालूम नहीं
कैसा है ये शहर
कभी कितना अपना-सा
और कभी अनछुआ छुआ

कितनी आती जाती आंखें
शांत
उदभ्रांत
उन्मादक
एक स्वप्न-सी लगती हैं।

कैथेड्रल के पास
स्पेन से आई लड़कियां गा रही हैं
वहीं एक लड़की
दोनों हाथों में मशाल लिए
घुमाती जाती है
तालियों की गूंज होती है
और फिर सब बिखर जाते हैं।

ये सब क्या एक चित्र है?
या मूर्ति?
एक उपन्यास?
एक कविता?
कुछ मालूम नहीं
मैं यहां क्यों हूं?
क्या मैंने कभी ये सब देखा था...?

भीतर से कई खाली कागज़
उतारते जाते हैं
ये क्षण
एक अजीब सी पिपासा बिखरती जाती है।

वो लड़की जो चुप बैठी
अपना चित्र बनवा रही है
अब उठ गई है
सब धीरे-धीरे उठते जाते हैं
शायद मेरे चित्र भी बन चुके हैं
मुझे भी जाना है
पर मुझे मालूम है
सालों तक मैं यूं ही बैठा रहूंगा
कैथेड्रल के पास
बटोरता रहूंगा अपने चित्र
क्योंकि यहीं कहीं
मैंने
एक शाम
फिर तुम्हें याद किया है।

(स्ट्रासबर्ग के कैथेड्रल के पास)

(7)

अचानक लगता है सुबह हो गई
उजाले की धुंधली लकीर
दरवाज़े के पास बैठ गई
सबकुछ हल्का सा
खुशनुमा
फैल गया बाहर भीतर
झांकने की प्रतीक्षा करने लगा
एक अनछुआ पर पहचाना
कलरव।

कितना बदल गया

पर जैसे छाई हो बस धूल सी
एक हाथ फेरा
तो वो ही अपना सा सबकुछ
याद करता
कुरेदता
पूछता जाताः
'उसके बाद कभी
मिला वो!'

एक मीलों लम्बे पल को
लांघते-लांघते
जैसे वर्षों बीत गये हों
उलझते गये हों
अपने ही सुलझाये
जाने-पहचाने रास्ते।

रात के इस सन्नाटे में
यह अजीब सी सुबह कैसी?
किसने फिर याद किया
कि अपने ही हाथों से
अपनी छुअन
पहचानी न गई।

थी क्या भूल?

लाईं थीं कितने ही सागर लांघ
जल गगरी
छलकी नहीं जो पर
टूट गई मेरे आंगन में
बिखरी...
जल रीत गई
विस्फरित आंखों से देखती
कितनी ही शंकायें लिये
खड़े देहरी पर
तुम ने पूछा
क्या हुई कुछ भूल?

अटकी कहीं
भटकी क्या अंधेरे में
या उजियारे में फिर
डोल गई?

विस्मित-सा
हतप्रभ मैं
चुप बैठा
समेटता रहा टूटी गगरी
उलीचता रहा बिखरा जल
आते रहे सावन

बीतते गये बसंत
शरद की ठिठुरन में

रुका फिर क्षणभर
तो पूछा :
क्या कहोगी अब भी
थी
वो एक भूल?

अवाक्!

ढूंढो!
बादलों में छिपी होगी
कहीं
धूप की किरन
इस पीपल तले
कहां होगी वह?

कभी बना था कोई बुद्ध
यहीं...
पर गया फिर उधर
उसी किरन ने देखा था उसे
अवाक् !

ढूंढो!
उस सतरंगी छोर पर
पकड़ो उसकी बांह
और चढो
रंगों के सोपान पर
यहां
बांसों के झुरमुट में
कहां होगी वह
बौराई थी यहीं कभी राधा
फिर गई थी उधर

वहां...
देखा था उसे
इसी किरन ने
अवाक् !

ढूंढो...टटोलो
अलकों के वृहद जाल के नीचे
झांको
अंधेरे में पैठो
चढ़ते जाओ
ऊपर ही ऊपर
उत्तुंग शिखरों पर
किरीट बन जाओ
फिर स्वर्णिम केसर बन
बिखर जाओ
सारे नभ पर
डूब जाओ
अतल सागर में
पूछो फिर
अनाम प्रतीति से
अन्जान वीथिका में
गई थी किस पथ
वो किरन धूप की
अवाक्!

❑❑❑